たっぷり食べても罪悪感ゼロ！

魔法の豆腐クリームレシピ

井出杏海

河出書房新社

introduction
....

豆腐クリームって？

豆腐と調味料をあわせてなめらかにした「豆腐クリーム」。
ホワイトソースやお菓子のクリームのかわりに使うことができます。
クリーミーでコクがありながらも、ヘルシーで胃もたれ知らず。
罪悪感なく、洋食やケーキがたっぷり食べられるようになる
夢のような魔法のクリームなのです！

POINT 1
カロリーオフ！

たとえばグラタン（⇒P12）なら、ホワイトソースを豆腐クリームにおきかえれば1人分で372kcalのダウン！ 食べる量を我慢せずにたっぷり食べても、カロリーカットができます。たくさん食べるのはためらってしまうマヨネーズやホイップクリームなども豆腐クリームにおきかえられます！

POINT 2
経済的！

リーズナブルで入手しやすいのがうれしいポイント。この本では木綿豆腐150gを基本の量としていますが、スーパーやコンビニで売られているミニパック1個分がおよそ150g。これで、グラタン（⇒P13）やパスタ（⇒P15）が2人分作れます。生クリームや市販のパスタソースを買うよりも断然経済的！

POINT 3
簡単！

豆腐と調味料をあわせて、フードプロセッサーで撹拌するだけで完成。ミキサーかブレンダーを使ってもOK。薄力粉とバターと牛乳でホワイトソースを作るよりも、生クリームを泡だててホイップクリームを作るよりも、はるかに簡単です！

POINT 4
バリエーション豊富！

混ぜる調味料によって、ホワイトソースや生クリーム以外にもたくさんの味の豆腐クリームを作ることができます。また、クリーム、ソース、ドレッシングと形を変えて、いろいろな料理に展開することができるのも魅力です。

contents
....

I
豆腐クリームを使った
料理

8　豆腐クリームを作る3STEP

9　5種類の豆腐クリームレシピ

● ホワイトソース風豆腐クリーム

● バーニャカウダソース風
　豆腐クリーム

● フムス風豆腐クリーム

● ごまだれ風豆腐クリーム

● マヨネーズ風豆腐クリーム

10　キャベツと挽き肉のポテトグラタン

11　マルゲリータ風グラタン

14　わたりがにとトマトクリームのパスタ

14　カルボナーラ

16　そら豆と菜の花のキッシュ

17　アスパラガスと芽キャベツ
　　桜海老の豆腐クリームソース

20　きのこと鶏肉のクリームリゾット

21　クレソンとマッシュルームのサラダ

21　にんじんとくるみのサラダ

24　紫キャベツのコールスロー

25　ニース風サラダ

26　牛しゃぶのサラダ仕立て

27　ポークソテー　フムス風

28　真鱈のポワレ　アイオリソース

30　鯛のソテー　タプナードソース

32　にんじんと玉ねぎのポタージュ

32　そら豆のヴィシソワーズ

34　ジャーサラダ2種
　　ミックスビーンズと紫キャベツ　フムス風
　　パプリカとズッキーニ、モッツァレラ
　　バーニャカウダ風

38　大葉入り豆腐クリームと
　　キャベツ、生ハムのテリーヌ

40　ムース2種
　　赤パプリカのムース／小松菜のムース

42　アボカドと生ハムのガレット

44　バターチキンカレー

46　クロックムッシュ

47　ピタサンド

48　ヴェリーヌ2種
　　ごまだれそうめんのヴェリーヌ
　　マッシュルームとミニトマトのヴェリーヌ

50　大人のマカロニサラダ タルタル風

51　帆立と大根のサラダ

52　きのこのフラン

54　いろいろ野菜　バーニャカウダ風

56　大根のステーキ

57　アボカドとミニトマトのごまだれ仕立て

58　スモークサーモンのポテトサラダ

59　トマトのファルシ

60　鮭のブランダードのカナッペ

61　フムスのディップ

62　チキンのオーブン焼き

II
豆腐クリームを使った
デザート&ドリンク

66　豆腐クリームを作る3STEP

67　4種類の豆腐クリームレシピ

- ホイップクリーム風豆腐クリーム
- チョコホイップクリーム風
  豆腐クリーム
- チーズクリーム風豆腐クリーム
- ドライフルーツ入り豆腐クリーム

68　豆腐チーズクリームと
　　3種のベリーのスコップケーキ

69　オレンジショコラのスコップケーキ

70　4種の豆腐クリームと食べる
　　カップケーキ
　　チーズクリーム、チョコホイップ、
　　黒ごまホイップ、ラズベリーホイップ

74　レアチーズケーキ風デザート

76　いちごのクラフティ

78　フルーツサンド

79　ラムレーズンとカッテージチーズの
　　ひとくちガトー

80　ブルーチーズとはちみつのピッツァ

82　スイートポテト
　　ドライフルーツ入り、チーズクリーム風味

84　ホイップたっぷりコーヒーゼリー

85　オレンジ風味のミルクレープ

86　アイスクリーム
　　チョコレート風味、ドライフルーツ入り

88　クラッシュジュレ
　　赤ワイン／ミントティー

90　スムージー2種
　　バナナと黒ごま／オレンジとトマト

92　いちごのドリンク

92　スモークサーモンのカナッペ

94　9種類のクリーム別インデックス

note

本書のレシピについて

- 大さじ1＝15㎖、小さじ1＝5㎖。
- 卵はMサイズを使用。
- バターは有塩のものを使用。
- **野菜の塩ゆでについて**　「塩ゆで」と表記されている場合は、水500㎖に対して塩小さじ1を入れてからゆでてください。ゆでた後は水っぽくならないように、流水にさらさないこと。　※塩以外の調味料を入れる場合は、その都度表記しています。

- オーブンは指定の温度に予熱すること。機種によって温度と焼き時間に差が出るため、使用するオーブンにあわせて調整してください。

- **本書のカロリー表示について**　-367kcal!や65.1%OFF! などの値は「豆腐クリームを使わずに、一般的な材料で作った場合でのカロリー」と比較し、とりわけカロリーダウンしているメニューについています。

I

豆腐クリームを使った
料理

高カロリーなホワイトソースや
生クリームいっぱいのクリームソースのかわりに
ヘルシーに使えるのが最大の魅力！
また、豆腐で作ると、クリームやソース作りがとっても簡単！
料理に使える5種類の豆腐クリームを紹介します。

a.

ホワイトソース風
豆腐クリーム

グラタンやパスタ、お肉やお魚料理のソースとして、使い勝手のよいベーシックなクリーム。白みそとにんにくを加えることでバターや生クリームなしでもコクのある味わいになります。

b.

バーニャカウダソース風
豆腐クリーム

野菜によくあうので好きな方も多いのでは？ オイリーなソースではカロリーが気になりますが、豆腐クリームなら気にせずたっぷりつけて食べられるので、食べごたえもあって大満足！

c.

フムス風
豆腐クリーム

フムスはひよこ豆をペースト状にしたオリエンタルな味のディップ。パンやクラッカー、野菜やお肉など何にでもあい、とまらないおいしさ！ ひよこ豆がなくても豆腐でできちゃいます。

d.

ごまだれ風
豆腐クリーム

ごまの風味とみそのコクがあわさったごまだれ風。サラダ用のドレッシングにもお肉などのつけだれにも使えます。もったりとした豆腐クリームが、素材によくからんでおいしい！

e.

マヨネーズ風
豆腐クリーム

カロリーもコレステロールも気になる一番の調味料がマヨネーズ。豆腐クリームなら、油も卵も使いません！ ヘルシーなので、たっぷり食べられるのがうれしい一品。重宝間違いなし。

豆腐クリームを作る
3STEP

木綿豆腐を150g使います。豆腐は商品によって1丁の重さが違いますが、ミニサイズ1パックや、通常サイズの½丁くらいが目安です。

STEP 1

豆腐を耐熱容器に入れてラップをし、500Wの電子レンジで2分加熱し、水切りする。水切りが、豆腐臭さが残らない最大のポイント！ ※一度に300g作るときは3分加熱する。

STEP 2

ザルにあげて粗熱を取り（この間にも水けが抜ける）、表面の水けをキッチンペーパーでふく。

STEP 3

ボウルに材料をすべて入れ、ハンドミキサーやブレンダーをかけるか、フードプロセッサーで2～3分ほど撹拌する。

なめらかになったら、出来上がり！

PRESERVING
保存について

保存容器に入れて、冷蔵で3日間保存が可能です。冷蔵庫から出すと少しかたくなっていることもあるので、よく混ぜてから使うようにしましょう。

料理に使える

5種類の
豆腐クリームレシピ

◯ *Tofu white sauce*

ホワイトソース風 豆腐クリーム

木綿豆腐	150g
にんにく [*]	1片
白みそ	大さじ½
牛乳	20mℓ
塩	小さじ¼

◯ *Tofu bagna càuda*

バーニャカウダソース風
豆腐クリーム

木綿豆腐	150g
アンチョビ（フィレ）	約3枚（10g）
オリーブオイル	大さじ½
※オリーブオイルでアンチョビを炒める	
にんにく [*]	2片
牛乳	大さじ½
塩	小さじ⅛
ブラックペッパー	適量

◯ *Tofu mayonnaise*

マヨネーズ風 豆腐クリーム

木綿豆腐	150g
にんにく [*]	1片
白みそ	大さじ½
米酢	大さじ1
はちみつ	大さじ½
レモン果汁	大さじ½
レモンの皮	2×2cm
ディジョンマスタード（粒なし）	小さじ½
塩	小さじ¼

◯ *Tofu gomadare*

ごまだれ風 豆腐クリーム

木綿豆腐	150g
白すりごま	大さじ1と½
しょうゆ	小さじ2
白みそ	小さじ1
合わせみそ	小さじ1
米酢	小さじ½

◯ *Tofu hommous*

フムス風 豆腐クリーム

木綿豆腐	150g
にんにく（すりおろし）	½片分
しょうが（すりおろし）	½片分
白練りごま	大さじ1
レモン果汁	小さじ1
カレー粉	小さじ1
塩	小さじ½

note

[*] にんにくの下処理

にんにくは半分に割って芽をのぞき、10分ほどゆでてやわらかくしておきます。竹串をさして、スッと通るくらいが目安です。

Tofu white sauce
キャベツと挽き肉のポテトグラタン ⇒P12

Tofu white sauce
マルゲリータ風グラタン ⇒P13

1人分
-372kcal! 542 kcal

Tofu white sauce

キャベツと挽き肉のポテトグラタン

**豆腐クリームがじゃがいもにからむやさしい味。
キャベツと挽き肉の旨みとともにどうぞ。**

材料（2人分）

じゃがいも	中3個（300g）
キャベツ	¼個（200g）
合挽き肉	150g
玉ねぎ（みじん切り）	中½個（100g）分
豆腐クリーム（ホワイトソース風⇒P9）	2倍量
ミックスチーズ（ピザ用）	20g
粉チーズ	適量
白ワイン	大さじ1
ローズマリー	1枝
オリーブオイル	小さじ1
塩	小さじ¼
ブラックペッパー	適量

下準備

オーブンを200℃に予熱しておく。

作り方

1 じゃがいもは皮をむいて7〜8mmの幅に切り、水にさらす。ザルにあげて水けをきって鍋に入れる。塩と砂糖（ともに分量外）を入れた水から、串がスッとささる程度までゆでる。

point
じゃがいもは水500mℓに対し、砂糖大さじ1、塩小さじ1を入れてゆでます。水に取ると水っぽくなるので自然に冷ましましょう。

2 キャベツはざく切りにし、塩ゆでする。ザルにあげてそのまま冷ます。粗熱が取れたら水けをしぼる。

3 フライパンにオリーブオイルを入れ、中火で挽き肉を炒める。色が変わってきたら端に寄せ、玉ねぎを炒める。玉ねぎが透き通ってきたら、塩とローズマリーの葉をちぎって入れる。白ワインを入れてアルコールをとばし、器に取り出す。

4 グラタン皿に**1**のじゃがいもを入れ、豆腐クリームをかける。その上にキャベツと**3**をのせ、ミックスチーズと粉チーズをかけて200℃のオーブンで焼き色がつくまで約20分焼く。仕上げにブラックペッパーをふる。

1人分
−186*kcal!* 361
kcal

🍲 *Tofu white sauce*

マルゲリータ風グラタン

ピザの代表格「マルゲリータ」をグラタンにしました。
ミニトマトとジェノバソース、マカロニに豆腐クリームがよくあいます。

材料 (2人分)

マカロニ (サラダ用)	50g
ミニトマト	4個
豆腐クリーム (ホワイトソース風→P9)	全量
モッツァレラチーズ	ミニ8個
ミックスチーズ (ピザ用)	20g
牛乳	40㎖
ジェノバソース (市販)	大さじ2
パン粉、塩、ホワイトペッパー	各適量
オリーブオイル	少々

下準備

オーブンを200℃に予熱しておく。

作り方

1 マカロニは塩 (分量外) を入れた湯で表示通り
にゆで、ザルにあげて水をきり、流水でぬめ
りを取る。オリーブオイルをふり、全体にな
じませて耐熱容器に入れる。

2 ボウルに豆腐クリームと牛乳を入れてよく混
ぜ、ホワイトペッパーをふる。1のマカロニ
の上にかける。

3 ミニトマトは半分にカットして切り口に少量
の塩をふる。

4 2の上に3のミニトマト、ジェノバソース、
モッツァレラチーズをバランスよくのせる。
ミックスチーズとパン粉をかけ、200℃の
オーブンで約25分焼く。

🍜 *Tofu white sauce*

わたりがにとトマトクリームのパスタ

-186kcal! 1人分 **546** kcal

豆腐クリームで作るトマトクリームソースに
わたりがにのコクがプラスされ、深みある一皿に。

材料（2人分）

パスタ（1.7mm）	160g
わたりがに	150g
豆腐クリーム（ホワイトソース風→P9）	全量
トマト水煮（缶詰・ホール）	1缶（400g）
白ワイン	100mℓ
にんにく（みじん切り）	1片分
鷹の爪	1本
ゆで汁	おたま1杯分
オリーブオイル	大さじ1
塩、ブラックペッパー	各適量

作り方

1 わたりがには足を包丁の背などで軽くたたいて傷をつけ、味がよく出るようにする。

2 フライパンにオリーブオイルを入れ、にんにくと鷹の爪を弱火で炒める。香りがたってきたら1のわたりがにを入れて中弱火で炒める。赤く色づいてきたら鷹の爪を取り、白ワインを注ぐ。沸々としてきたら弱火にし、フタをして約15～20分蒸す。

3 フタを取ってトマトを崩しながら加え、半量になるまで中火で約10分煮詰める。

4 パスタは塩（分量外）を入れた湯で表示より1分短くゆでる。

5 3に豆腐クリームとパスタのゆで汁を加え、塩で味をととのえる。4のパスタを加えて手早く混ぜ、再び塩で味をととのえる。

6 器に盛り、ブラックペッパーをふる。

🍜 *Tofu white sauce*

カルボナーラ

-186kcal! 1人分 **549** kcal

生クリームを使わず、豆腐クリームで仕上げました。
濃厚な味わいと食べごたえはそのままに、カロリーダウン。

材料（2人分）

パスタ（1.7mm）	160g
ベーコン	2枚
A ┌ 豆腐クリーム（ホワイトソース風→P9）	全量
牛乳	大さじ1～2
卵黄	2個分
└ こぶ茶	小さじ⅓
オリーブオイル	小さじ1
ブラックペッパー	適量

作り方

1 パスタは塩（分量外）を入れた湯で表示より1分短くゆでる。

2 ベーコンは1cm幅に切る。フライパンにオリーブオイルを入れ、弱火で炒める。火をとめてフライパンを冷ます。

3 ボウルにAを入れてよく混ぜあわせる。

4 パスタがゆであがる1分前に3を2に入れ、卵黄が固まらないように絶えず木ベラなどでかき混ぜながら、弱火で温める。

5 ゆであがったパスタを加えて手早く混ぜあわせ、器に盛る。ブラックペッパーをたっぷりとふる。

Tofu white sauce
そら豆と菜の花のキッシュ →P18

Tofu white sauce
アスパラガスと芽キャベツ
桜海老の豆腐クリームソース →P19

🍚 *Tofu white sauce*

そら豆と菜の花のキッシュ

-268kcal! 1人分 457 kcal

アパレイユの生クリームのかわりに豆腐クリームを。
ふわふわの食感の中に、野菜の塩けや苦みがきいた一品です。

材料（15×20×高さ2cmの容器1台分）

そら豆（さやから出したもの）……………………100g
菜の花……………………………………½束（100g）
パイシート（市販）………………………………1枚
鮭のブランダード…………………………………½量
ミックスチーズ（ピザ用）………………………20g
卵……………………………………………………1個
牛乳………………………………………………100g
ナツメグ…………………………………………少々
ホワイトペッパー………………………………少々

memo

> 発酵バターを使用したパイシートを使うと、
> バターの香りが強くなりすぎてしまいます。
> パイシートは通常のバターを使用したものを
> 選びましょう。

下準備

オーブンを200℃に予熱しておく。

作り方

1 そら豆はさやから出し、豆の黒い筋の部分に
　包丁で切り込みを入れる。塩ゆでして、ザル
　にあげてそのまま冷ます。

point

> そら豆をゆでるときに加える塩は、水500
> mℓに対して小さじ2が目安です。約2分ゆ
> でたら、水に取らず、そのまま冷まします。

2 菜の花は茎と花の部分に分け、茎、花の順に
　さっと塩ゆでする。冷水に取り、水けをしぼる。

3 耐熱皿の底にパイシートを敷き、200℃の
　オーブンで約10分焼く。

4 ボウルに卵を割りほぐし、鮭のブランダード、
　牛乳、ナツメグ、ホワイトペッパーを入れて
　よく混ぜる。3のパイシートの上に注ぐ。

5 そら豆、菜の花をちらし、ミックスチーズを
　かけて、200℃のオーブンで約20〜25分焼く。

鮭のブランダード

材料（仕上がり量約220g）

鮭（甘口）……………………………………1切れ
じゃがいも………………………………小1個（100g）
にんにく……………………………………………1片
豆腐クリーム（ホワイトソース風⇒P9）
　　　　　　　　　　　　　　　　　　　　……¼量
A ┌ 牛乳…………………………………………100㎖
　│ 水……………………………………………100㎖
　└ タイム（ドライ）………………………少々
塩、ホワイトペッパー………………………各少々

memo

> 鮭のブランダードは、冷蔵で3日保存
> 可能。クラッカーなどとあわせてカナ
> ッペ（⇒P60）にするのもおすすめです。

作り方

1 小鍋にAを入れ、鮭とにんにくを約
　10分ゆでる。火が通ったら鮭とにん
　にくを取り出す。鮭の皮と骨をきれいに
　取りのぞき、にんにくと一緒にフォー
　クの背でかるくつぶす。

2 じゃがいもは串がスッとささる程度ま
　で、水からゆでる。

3 ボウルに1の鮭、にんにく、2のじゃ
　がいも、豆腐クリームを入れ、ハンド
　ブレンダーでなめらかになるまで撹拌
　する。塩とホワイトペッパーで味をと
　とのえる。

37.3% OFF!

1人分 79 kcal

🥣 *Tofu white sauce*

アスパラガスと芽キャベツ
桜海老の豆腐クリームソース

ホワイトソース風の豆腐クリームに、**桜海老を加えて風味をアップ**。
野菜はゆでるだけ。ソースを主役にしていただきます。

材料（2人分）

アスパラガス	8本
芽キャベツ	2個
桜海老（素干し）	7〜8個
豆腐クリーム（ホワイトソース風⇒P9）	¼量
玉ねぎ（みじん切り）	大さじ2（20g）
にんにく（すりおろし）	½片分
白ワイン	大さじ½
ケチャップ	小さじ1
オリーブオイル	小さじ1
レモンスライス	2枚

作り方

1　アスパラガスはピーラーで根元部分の皮をむく。芽キャベツは葉を2〜3枚はがし、根元部分に十字の切り込みを入れる。それぞれ塩ゆでして、キッチンペーパーに広げて冷ます。

point
> ゆで時間の目安はアスパラガスが4分、芽キャベツが2分です。

2　桜海老はフライパンに入れて弱火でから煎りする。パリパリになって香りがたってきたら取り出し、手でつぶして粉状にする。

3　フライパンをサッと拭いてオリーブオイルを入れ、玉ねぎを弱火で炒める。しんなりして透き通ってきたら、にんにくを入れて炒める。香りがたってきたら白ワインを加える。アルコールをとばしてボウルにうつす。

4　3に豆腐クリーム、ケチャップ、2の桜海老を加えて混ぜる。

5　器にアスパラガスと芽キャベツを盛り、4をかけ、レモンスライスを飾る。

Tofu bagna cauda
きのこと鶏肉の
クリームリゾット ⇒P22

● *Tofu gomadare*
クレソンとマッシュルームの
サラダ ⇒P23

● *Tofu mayonnaise*
にんじんとくるみのサラダ ⇒P23

🍲 *Tofu bagna càuda*

きのこと鶏肉のクリームリゾット

-149kcal! 1人分 381 kcal

バーニャカウダ風の豆腐クリームを使って、クリーミーなリゾットに。
アンチョビの風味が、きのこと鶏肉によくあいます。

材料（2人分）

鶏もも肉……………………………100g
白ワイン……………………………大さじ1
冷ごはん……………………………200g
豆腐クリーム（バーニャカウダ風⇒P9）……½量
まいたけ……………………………½パック

A ┌ 白ワイン……………………大さじ1
　│ 水……………………………100㎖
　└ 鶏ガラスープ（顆粒）………小さじ½

アンチョビ（フィレ）………………1枚
バター………………………………5g
オリーブオイル……………………小さじ1
ブラックペッパー…………………適量
イタリアンパセリ…………………適宜

作り方

1 鶏肉は一口大に切り、白ワインをふる。冷ごはんは流水で洗ってぬめりを取り、ザルにあげる。

2 フライパンにオリーブオイルを入れ、1の鶏肉を中火で炒める。焼き色がついたら、まいたけを加えて炒める。まいたけに火が通ったら端に寄せ、アンチョビを炒める。Aを加えて中弱火で5分煮る。

3 豆腐クリームを加えて均一に混ぜ、1の冷ごはんとバター、ブラックペッパーを加えて手早く混ぜる。

4 器に盛り、好みでイタリアンパセリを飾る。

❤ *Tofu gomadare*

クレソンとマッシュルームのサラダ

43.1% OFF!　1人分 33 kcal

豆腐クリームをごまドレッシング風に使いました。
まろやかな味わいの中に、レモン果汁の酸味でアクセントを。

材料（2人分）

クレソン	1束
ホワイトマッシュルーム	4個
A ┌ 豆腐クリーム（ごまだれ風→P9）	大さじ2
├ レモン果汁	大さじ1
└ 米酢	大さじ1
レモン果汁	少々
粉チーズ	適宜

作り方

1 クレソンは洗って冷水に取る。キッチンペーパーで水けをふき、葉を手で摘む。
2 マッシュルームは石づきを切り落とし、薄くスライスしてレモン果汁をふる。
3 ボウルにAを入れてよく混ぜあわせる。
4 器に1と2を盛り、3をかける。好みで粉チーズをふる。

❤ *Tofu mayonnaise*

にんじんとくるみのサラダ

28.7% OFF!　1人分 119 kcal

マヨネーズ風の豆腐クリームに、しょうゆや米酢を足して
和風マヨドレに仕立てました。

材料（2人分）

にんじん	中1本（120g）
くるみ	15g
A ┌ 豆腐クリーム（マヨネーズ風→P9）	大さじ1と½
├ 白すりごま	大さじ1
├ 砂糖	小さじ1
├ 米酢	小さじ1
└ しょうゆ	小さじ¼

作り方

1 にんじんは千切りにして、塩ゆでする。ザルにあげてそのまま冷ます。冷めたらキッチンペーパーで水けをふく。
2 くるみはフライパンに入れてから煎りする。香りがたってきたら取り出し、粗く刻む。
3 ボウルにAを入れてよく混ぜあわせ、にんじんとくるみを入れてあえる。

◯ Tofu mayonnaise

紫キャベツのコールスロー

マヨネーズ風豆腐クリームと紫キャベツで、
普段のコールスローがヘルシー＆おしゃれに。

40.3% OFF!　1人分 70 kcal

材料（2人分）

紫キャベツ	⅛カット（100g）
塩	小さじ¼
コーン	大さじ4
カッテージチーズ	大さじ2
A 豆腐クリーム（マヨネーズ風→P9）	大さじ1と½
りんご酢	大さじ½
練乳	小さじ1

作り方

1 紫キャベツは千切りにする。ボウルに入れて塩をふり、しんなりするまで手でもみ、約15～30分おく。出てきた水をしっかりとしぼり、キッチンペーパーにくるんでさらに水をしぼる。
2 ボウルにAを入れてよく混ぜあわせる。
3 2に1とコーンを入れて混ぜる。カッテージチーズを入れてサッと混ぜあわせ、器に盛る。

Tofu bagna càuda
ニース風サラダ

ボリュームがあるサラダだからこそ、
ドレッシングをたっぷりかけて食べましょう。

25.8% OFF!　**1人分 160 kcal**

材料（2人分）

A ┌ 豆腐クリーム（バーニャカウダ風⇒P9）
　│　　　　　　　　　　　　　　　　大さじ2
　│ 米酢 ………………………………… 小さじ4
　└ ディジョンマスタード（粒なし）… 小さじ2
レタス …………………………………… 4枚
ベビーリーフ …………………………… 20g
菜の花 ……………………………… ½束（100g）
トマト ………………………………… 小1個
ゆで卵 …………………………………… 1個
ツナ（缶詰・油漬け）………………… 30g
黒オリーブ（水煮・種抜き）………… 3〜4個
アンチョビ（フィレ）………………… 1枚

作り方

1　レタスとベビーリーフは冷水に取ってパリッとさせ、キッチンペーパーで水けをふく。
2　菜の花は茎と花の部分に分け、茎、花の順にさっと塩ゆでする。冷水に取り、水けをしぼる。
3　トマトはくし形に、ゆで卵は8等分に、黒オリーブは輪切りに、アンチョビは5mm幅に切る。ツナは油分をきる。
4　ボウルにAを入れてよく混ぜる。
5　器に1のレタスとベビーリーフを盛る。その上に2と3をのせ、4をかける。

 Tofu gomadare

牛しゃぶのサラダ仕立て

1人分 281 kcal

牛肉によくあうごまだれ風のとろりとしたドレッシング。
しっかりとからめて、いただきます。

材料（2人分）

A ┌ 豆腐クリーム（ごまだれ風→P9）……大さじ2
　├ ポン酢……………………………………小さじ2
　└ 米酢………………………………………小さじ1
牛肉（しゃぶしゃぶ用）………………………120g
サラダ菜………………………………………4枚
フリルレタス…………………………………2枚
ベビーリーフ…………………………………20g
玉ねぎ……………………………中1/8個（25g）
ホワイトマッシュルーム………………2〜3個

作り方

1　サラダ菜とフリルレタス、ベビーリーフは冷水に取ってパリッとさせ、キッチンペーパーで水けをふいてちぎる。玉ねぎは薄切りにして水にさらし、水けをきる。マッシュルームは軸を取り、薄皮を包丁でむいて薄切りにする。

2　牛肉は大きければ半分に切る。鍋に湯を沸かし、酒を大さじ1（分量外）入れて1枚ずつゆでて、すぐに冷水に取る。

point
牛肉はほんのりピンク色が残る程度にゆでます。

3　牛肉を冷水から出し、キッチンペーパーで水けをふいてボウルに入れる。1を加えてざっくりと混ぜあわせる。

4　別のボウルにAを入れて混ぜあわせる。

5　器に3を盛って4をかける。

◯ Tofu hommous

ポークソテー フムス風

1人分
297
kcal

カレー粉でしっかりと味をつけた豆腐クリームは
お肉に負けない存在感があります。

材料（2人分）

- 豚肉ロース（生姜焼用）……………… 4枚
- 豆腐クリーム（フムス風⇒P9）………… 1/4量
- A ┌ ヨーグルト ……………………… 大さじ3
  │ パプリカパウダー ………………… 小さじ1/2
  └ 塩 ………………………………… 小さじ1/4
- サラダ油 ……………………………… 小さじ1
- クレソン ……………………………… 適宜

作り方

1. ジッパーつきの袋にAを入れてよく混ぜあわせる。
2. 豚肉は筋切りして1に入れる。袋の口を閉じて外側からもみ、冷蔵庫で30分寝かせる。
3. フライパンにサラダ油を入れ、2の豚肉を中弱火で焼く。焼いている途中に出てくる脂や水分はキッチンペーパーでふく。
4. 器に3の豚肉を盛り、豆腐クリームをのせて好みでクレソンを添える。

34.4% OFF!　1人分 121 kcal

● *Tofu mayonnaise*

真鱈のポワレ アイオリソース

マヨネーズ風豆腐クリームをアレンジして
南フランスでよく使われるアイオリソース風に仕立てました。

材料（2人分）

真鱈	………………………………	2切れ
塩	…………………………	小さじ¼
A	豆腐クリーム（マヨネーズ風→P9）…	大さじ2
	にんにく（すりおろし）…………	小さじ¼
	ディジョンマスタード（粒なし）…	小さじ1
	レモン果汁 ………………	小さじ¼
	砂糖 …………………………	小さじ¼
	塩、ホワイトペッパー …………	各少々
白ワイン	…………………………	大さじ½
オリーブオイル	…………………	小さじ1
イタリアンパセリ	…………………	適宜

作り方

1　真鱈は流水で洗ってキッチンペーパーで水け
　をふき、塩をふる。10分おいて出てきた水分
　をキッチンペーパーでおさえる。

2　フライパンにオリーブオイルを入れて中火で
　皮面から焼く。皮がパリッとしたら上下を返
　し、白ワインを鍋肌から入れてフタをする。
　弱火にして約2分蒸し焼きにする。

3　ボウルに**A**を入れてよく混ぜあわせる。

4　器に**2**の真鱈と**3**を盛り付ける。好みでイタ
　リアンパセリを飾る。

-149 kcal! 1人分 253 kcal

🍲 *Tofu bagna càuda*

鯛のソテー タプナードソース

オリーブのペーストで作るタプナードソース。
バーニャカウダ風の豆腐クリームをベースに作ってみましょう。

材料（2人分）

真鯛	2切れ
塩	小さじ⅛
ホワイトペッパー	少々
A 豆腐クリーム（バーニャカウダ風→P9）	½量
黒オリーブ（水煮・種抜き）	12〜13個（50g）
ケッパー（酢漬け）	8粒
バルサミコ酢	小さじ1
アスパラガス	2本
ミニトマト	2個
オリーブオイル	適量
ディル	適宜

作り方

1 タプナードソースを作る。ボウルに**A**を入れて、ハンドブレンダーでなめらかになるまで撹拌する。

2 真鯛に塩とホワイトペッパーをふる。フライパンにオリーブオイルを入れて中火で皮面から焼く。焼き色がついたら上下を返して弱火で焼く。火が通ったら器に盛る。

3 **2**の真鯛の上に**1**のタプナードソースをかける。好みで塩ゆでしたアスパラガス、小さく切ったミニトマトを添え、好みでディルを飾る。

◯ Tofu white sauce

にんじんと玉ねぎのポタージュ

41.9% OFF!　1人分 **129** kcal

やさしい甘みのポタージュに、ゴーダチーズを入れ
くるくる回して溶かしながら、風味をうつしていただきます。

材料（2人分）

にんじん	100g
玉ねぎ	120g
豆腐クリーム（ホワイトソース風→P9）	½量
コンソメ（顆粒）	小さじ¾
水	350mℓ
バター	5g
オリーブオイル	小さじ1
シナモン、ホワイトペッパー	各少々
ゴーダチーズ、パセリ（みじん切り）	各適量

作り方

1　にんじんは縦に半分に切り、2mmほどの斜め薄切りにする。玉ねぎは薄切りにする。

2　鍋にオリーブオイルを入れ、1のにんじんと玉ねぎを弱火で炒める。しんなりしてきたら水を入れる。アクを取り、コンソメを加えてフタをし、弱火で20分蒸し煮にする。

3　火をとめて豆腐クリームを加え、ハンドブレンダーでなめらかになるまで撹拌する。バターとシナモンを加えてよく混ぜ、ホワイトペッパーで味をととのえる。

point
> シナモンはひとふり程度。入れすぎに注意しましょう。

4　温めなおしてから器に盛り、パセリをちらす。ゴーダチーズをフォークにさして添える。

◯ Tofu white sauce

そら豆のヴィシソワーズ

25.5% OFF!　1人分 **137** kcal

難しそうに思える冷製スープも豆腐クリームがあれば簡単。
そら豆の味がしっかり出たスープは、豆腐の存在を感じさせません。

材料（2人分）

そら豆（さやから出したもの）	100g
玉ねぎ（みじん切り）	50g
豆腐クリーム（ホワイトソース風→P9）	¼量
豆乳（調整）	100mℓ
コンソメ（顆粒）	小さじ1
水	200mℓ
オリーブオイル	小さじ1
砂糖	小さじ¼
塩、ホワイトペッパー、ピンクペッパー	各少々

作り方

1　そら豆はさやから出し、豆の黒い筋の部分に包丁で切り込みを入れて約2分塩ゆでする。湯切りをしてキッチンペーパーの上に広げて冷まし、皮をむく。

point
> 塩は水500mℓに対して小さじ2が目安です。

2　フライパンにオリーブオイルを入れ、弱火で玉ねぎを炒める。透き通ってきたら水とコンソメを加えて5分煮る。

3　ボウルに1と豆腐クリーム、2を入れ、ハンドブレンダーでなめらかになるまで撹拌する。

4　豆乳を加えて溶きのばし、砂糖を加える。塩とホワイトペッパーで味をととのえる。冷蔵庫で冷やす。

5　器に盛り、ピンクペッパーを飾る。

ジャーサラダ2種

ジャーサラダは最初にドレッシングを入れるのが基本。
ヘルシーな豆腐クリームをたっぷり入れれば、開けるのが楽しみ！

◯ *Tofu hommous*
ミックスビーンズと紫キャベツ
フムス風 ⇒P36

🥣 *Tofu bagna càuda*
パプリカとズッキーニ、モッツァレラ
バーニャカウダ風 =P36

point

ジャーに入れたら半日から1日そのままおくと、ドレッシングに野菜がマリネされておいしくなります。

🥣 *Tofu hommous*

ミックスビーンズと紫キャベツ
フムス風

1人分
138
kcal

材料（480mℓ容器1個分）

A ┌ 豆腐クリーム（フムス風→P9）········ 大さじ2
　├ りんご酢 ································· 大さじ1
　└ 塩 ····································· ひとつまみ
ミックスビーンズ（缶詰）·················· 70g
コーン ·································· 50g
紫キャベツ ······························ 30g
マカロニ（サラダ用）······················ 20g
ベビーリーフ ·························· ひとつかみ
オリーブオイル ·························· 少々

作り方

1 紫キャベツは千切りにする。
2 マカロニは塩（分量外）を入れた湯で表示通りにゆで、ザルにあげて水をきり、流水でぬめりを取る。オリーブオイルをふり、全体になじませる。
3 ボウルにAを入れてよく混ぜあわせる。
4 ジャーに3を入れる。ミックスビーンズ、コーン、1の紫キャベツ、2のマカロニ、ベビーリーフの順にジャーに入れる。ジャーのフタは、口から出ている葉野菜を隙間に押し込むようにして閉める。

🥣 *Tofu bagna càuda*

パプリカとズッキーニ、モッツァレラ
バーニャカウダ風

42.1%
OFF!

1人分
77
kcal

材料（480mℓ容器1個分）

A ┌ 豆腐クリーム（バーニャカウダ風→P9）
　│ ····································· 大さじ2
　│ りんご酢 ····························· 大さじ1
　│ バルサミコ酢 ·························· 小さじ1
　│ 塩 ································· 小さじ¼
　└ ブラックペッパー ······················ 適量
黄パプリカ ····························· ¼個
ズッキーニ ····························· ⅓本
モッツァレラチーズ ······················ 6個
ミニトマト ····························· 6個
サラダ菜 ······························ 5枚

作り方

1 パプリカは5mm角に、ズッキーニは薄切りにする。
2 ボウルにAを入れてよく混ぜあわせる。
3 ジャーに2と1のパプリカを入れて軽く混ぜあわせる。
4 ジャーに1のズッキーニ、モッツァレラチーズ、ミニトマト、サラダ菜の順に入れる。ジャーのフタは、口から出ている葉野菜を隙間に押し込むようにして閉める。

45.3% OFF! ¼カット 112 kcal

🥣 *Tofu white sauce*

大葉入り豆腐クリームとキャベツ、生ハムのテリーヌ

ホワイトソース風の豆腐クリームに刻んだ大葉を混ぜ込む
思わぬ食材のマリアージュが楽しめる一品です。

材料（18x8x高さ6cmの型1台分）

生ハム	50g
大葉	4枚
キャベツ	大4〜5枚（200g）
にんじん	小½本（50g）
ヤングコーン（水煮）	10本
豆腐クリーム（ホワイトソース風→P9）	全量
白練りごま	小さじ1
粉ゼラチン	5g
水	大さじ3
豆乳（調整）	50㎖
A　水	100㎖
こぶ茶	小さじ½
スナップエンドウ、ベビーリーフ	適宜

作り方

1　キャベツは1枚ずつはがして芯をそぎ取り、にんじんは拍子切りにする。それぞれ塩ゆでし、ザルにあげてキッチンペーパーの上に広げて冷ます。

2　型の準備をする。型にラップを敷き、その上に1のキャベツを型からはみ出るように大きめに敷く。その上に生ハムを広げる。1のにんじんとヤングコーンを敷きつめる。

3　水に粉ゼラチンをふり入れ、ふやかしておく。

4　鍋にAを入れて中火にかける。沸騰直前で火をとめ、3のゼラチンを入れてよく溶かす。

point

ゼラチンは沸騰させると固まらなくなるので、必ず火をとめてから入れます。

5　ボウルにうつし、豆腐クリームと白練りごまを入れてハンドブレンダーで撹拌する。さらに大葉を入れて撹拌する。

6　ボウルの底を氷水で冷やしながら豆乳を少しずつ加えてよく混ぜ、とろみが出てきたら2の型に入れる。

7　型からはみ出しているキャベツと生ハムを上にかぶせ、ラップをする。冷蔵庫で約3〜4時間冷やしてから切り分ける。器に盛り、好みでベビーリーフと塩ゆでしたスナップエンドウを添える。

小松菜のムース

赤パプリカのムース

ムース2種

生クリームなしでふわふわのムースが作れます。
それぞれタイムと柚子こしょうをきかせて大人の味わいに。

🥣 *Tofu white sauce*

赤パプリカのムース

43.9% OFF!　1人分 **60** kcal

材料（2人分）

赤パプリカ ···································· ½個
玉ねぎ（みじん切り） ·············· 中¼個（50g）
豆腐クリーム（ホワイトソース風→P9） ··· ¼量
A ┌ 水 ·································· 100㎖
　│ 赤ワイン ·························· 大さじ1
　│ コンソメ（顆粒） ················ 小さじ½
　│ ローリエ ···························· 1枚
　└ タイム（ドライ） ·········· 少々（6～7枚）
　┌ 粉ゼラチン ············ 小さじ1弱（2.5g）
　└ 水 ·································· 大さじ1
オリーブオイル ························· 小さじ½
チャービル、ピンクペッパー ············· 適宜

下準備

オーブンを160～180℃に予熱しておく。

作り方

1　水に粉ゼラチンをふり入れ、ふやかしておく。

2　パプリカは縦に4等分に切って種を取りのぞく。皮を上にして160～180℃のオーブンで皮が黒くなるまでしっかりと焼き、皮をむく。

3　フライパンにオリーブオイルを入れ、弱火で玉ねぎを炒める。透き通ってきたら、2を加えてサッと炒める。Aを入れて弱火で約5分煮込む。

4　火をとめてローリエを取り出し、1のゼラチンを入れてよく混ぜる。

5　ボウルにうつし、氷水で冷やしながらハンドブレンダーでなめらかになるまで撹拌する。木べらに持ち替え、完全に冷めてとろりとするまで、ボウルの底からかき混ぜる。

6　豆腐クリームを加えて均一に混ぜ、器に注ぎ入れて冷蔵庫で約1～2時間冷やす。好みでチャービルとピンクペッパーを飾る。

🥣 *Tofu white sauce*

小松菜のムース

43.4% OFF!　1人分 **60** kcal

材料（2人分）

小松菜 ···························· ½株（25g）
牛乳 ·································· 80㎖
豆腐クリーム（ホワイトソース風→P9） ··· ¼量
白練りごま ····························· 小さじ½
こぶ茶（粉末） ························· 小さじ¼
柚子こしょう ····························· 少々
┌ 粉ゼラチン ············ 小さじ1弱（2.5g）
└ 水 ·································· 大さじ1
レモン（スライス）、ディル ··············· 適宜

作り方

1　水に粉ゼラチンをふり入れ、ふやかしておく。

2　小松菜はやわらかく塩ゆでする。流水で急冷してしっかりと水けをしぼり、キッチンペーパーにはさんでおく。

3　牛乳は小鍋に入れて温め、鍋肌が沸々してきたら火をとめる。1のゼラチンを入れてよく混ぜる。

4　2の小松菜はみじん切りにする。ボウルに小松菜と豆腐クリームを入れ、ハンドブレンダーでなめらかになるまで撹拌する。木ベラに持ち替え、3と白練りごま、こぶ茶、柚子こしょうを入れてよく混ぜる。

5　ボウルの底を氷水で冷やしながら混ぜ、とろりとしてきたら器に注ぎ入れて冷蔵庫で約1～2時間よく冷やす。好みでレモンとディルを飾る。

point

ゼラチンは沸騰させると固まらなくなるので、必ず火をとめてから入れます。

1人分
389
kcal

Tofu white sauce

アボカドと生ハムのガレット

とろ〜り半熟卵と溶けたチーズに、さらにからまる豆腐クリーム。
アボカドのクリーミーさと生ハムの塩けのバランスが絶妙です。

材料（2人分）

生ハム	4枚
アボカド	½個
豆腐クリーム（ホワイトソース風→P9）	¼量
A そば粉	50g
卵	1個
牛乳	50ml
水	50ml
砂糖	大さじ½
塩	小さじ⅛
ミックスチーズ（ピザ用）	大さじ2
卵	2個
サラダ油、ブラックペッパー	各適量

作り方

1 生地を作る。ボウルにAのそば粉と砂糖、塩を入れ、泡だて器で均一に混ぜる。牛乳を少しずつ加えて均一に混ぜる。卵を溶いて混ぜ、水を入れて溶きのばす。冷蔵庫で30分以上寝かせる。

2 アボカドは1cm幅に、生ハムは半分の長さに切る。

3 フライパンにサラダ油を入れて中火にかける。1の生地をおたま1杯分入れ、すぐにフライパンを傾けて均一に広げる。弱火にして半量の豆腐クリームを中央部分に広げる。

4 2の半量のアボカドを並べ、卵1個を割り入れる。

5 2の半量の生ハムと半量のミックスチーズをのせる。フタをして弱火で約1〜2分蒸らす。

6 生地に焼き色がついたら端を内側に折る。

7 器に盛り、ブラックペッパーをふる。

8 同様にもう1枚作る。

43

1人分
400
kcal

Tofu white sauce

バターチキンカレー

豆腐クリームとトマト缶で作る簡単バターチキンカレー。
生クリームを使わず仕上げても、コクと旨みはしっかりキープしています。

材料（2人分）

鶏もも肉	200g
A ┌ ヨーグルト	大さじ4
│ カレー粉	小さじ1
│ 塩	小さじ¼
│ にんにく（すりおろし）	1片分
└ しょうが（すりおろし）	1片分
トマト水煮（缶詰・ホール）	1缶（400g）
豆腐クリーム（ホワイトソース風→P9）	½量
カレー粉	小さじ2
パプリカパウダー	小さじ1
バター	15g
砂糖	大さじ1と½
塩	小さじ1弱
ごはん	適量
イタリアンパセリ	適宜

作り方

1 鶏肉は一口大に切る。ジッパーつきの袋に鶏肉とAを入れてよくもみ、約1時間冷蔵庫で寝かせる。

2 トマトは鍋に入れて約5分煮る。1を調味料ごと入れ、フタをして約10分蒸し煮にする。

3 豆腐クリーム、カレー粉、パプリカパウダー、バター、砂糖を入れて約5分煮る。塩を入れて味をととのえる。

4 器に盛り、ごはんを添えて好みでイタリアンパセリを飾る。

● *Tofu white sauce*

クロックムッシュ

1人分 333 kcal

ひとくち食べたら、口の中に広がるホワイトソースとチーズ。
あのとろける食感と幸せを豆腐クリームで実現しました。

材料(2人分)

食パン(サンドイッチ用)	4枚
ベーコン	1枚
玉ねぎ	中¼個(50g)
豆腐クリーム(ホワイトソース風⇒P9)	大さじ2
ミックスチーズ(ピザ用)	大さじ1〜2
卵	1個
牛乳	50mℓ
バター	5g
オリーブオイル	小さじ1
塩、ホワイトペッパー	各少々
パセリ(みじん切り)	適量
ベビーリーフ	適宜

作り方

1 ベーコンは1cm幅に切り、玉ねぎは薄切りにする。フライパンにオリーブオイルを入れ、弱火で炒める。

2 食パンの片面に豆腐クリームをぬる。

3 1を2等分して、2の食パン2枚の豆腐クリームの上にのせる。さらにミックスチーズをのせ、残りの食パン2枚を重ねてはさむ。

4 ボウルに卵を割りほぐし、牛乳を注ぐ。塩とホワイトペッパーで味をととのえる。

5 4の卵液をバットに入れて、3の食パンを浸す。上下を返し、両面に卵液を浸す。

6 フライパンにバターを入れ、5を中弱火で焼く。焼き色がついたら上下を返し、両面を焼く。半分に切って器に盛り、パセリをふって好みでベビーリーフを添える。

◯ Tofu hommous

ピタサンド

1人分
224
kcal

パンに具材を挟むだけだからこそ、
味のアクセントになるフムス風豆腐クリームがぴったり！

材料（2人分）

A ┌ 豆腐クリーム（フムス風→P9）……大さじ2
　└ 米酢………………………………小さじ1
ピタパン（市販）……………………………1枚
鶏ささみ………………………………………2本
紫キャベツ……………………………………30g
トマト…………………………………………½個
サラダ菜………………………………………2枚

作り方

1　ピタパンは中央から半分に切る。
2　鶏ささみは筋を取る。鍋に湯を沸かして鶏ささみを入れ、すぐに火をとめて5分おく。冷水に入れて1分急冷したら、取り出してキッチンペーパーで水けをふく。
3　2の鶏ささみは1cm幅に、紫キャベツは千切りに、トマトは1.5cm角に切る。
4　ボウルにAを入れてよく混ぜる。
5　ピタパンの袋状の部分に4を大さじ½ずつ入れる。サラダ菜を入れ、3を詰めて残りの4をかける。

ごまだれそうめんのヴェリーヌ　　　　　マッシュルームとミニトマトのヴェリーヌ

ヴェリーヌ2種

ヴェリーヌはグラスの器に盛った料理のこと。
色のきれいな食材と組みあわせて楽しみます。

🥣 *Tofu gomadare*
ごまだれそうめんのヴェリーヌ

22.2% OFF! / 1人分 130 kcal

材料(2人分)
そうめん……………………………………1束(50g)
ミニトマト……………………………………2個
A ┌ 豆腐クリーム(ごまだれ風⇒P9)………大さじ3
  └ 豆乳(調整)………………………………大さじ1と½
かいわれ大根………………………………適量

作り方
1 そうめんは湯で表示通りにゆで、流水で洗う。
2 ミニトマトは8等分に切る。
3 ボウルにAを入れてよく混ぜあわせる。
4 器にそうめんを入れ、2のミニトマトとかいわれ大根を盛り、3をかける。

🥣 *Tofu white sauce*
マッシュルームとミニトマトのヴェリーヌ

38.0% OFF! / 1人分 62 kcal

材料(2人分)
ホワイトマッシュルーム…………3〜4個(50g)
ミニトマト……………………………………8個
かいわれ大根………………………………¼パック(8g)
  ┌ 豆腐クリーム(ホワイトソース風⇒P9)
  │ ………………………………………………大さじ2
  │ ヨーグルト…………………………………小さじ2
A │ レモン果汁…………………………………小さじ½
  │ にんにく(すりおろし)……………………少々
  │ 塩……………………………………………少々
  └ ブラックペッパー…………………………適量
  ┌ オリーブオイル……………………………小さじ1
  │ 米酢…………………………………………小さじ1
B │ はちみつ……………………………………小さじ½
  │ 砂糖…………………………………………小さじ½
  └ 塩……………………………………………小さじ⅛
塩………………………………………………少々
チャービル、レモン(スライス)……………各適宜

作り方
1 ミニトマトは湯むきをする。
2 ジッパーつきの袋にBを入れてよく混ぜ、1のミニトマトを入れてマリネする。冷蔵庫で30分以上なじませる。
3 マッシュルームは石づきを落として薄皮をむき、4等分に切る。
4 ボウルにAを入れてよく混ぜる。3のマッシュルームを加えてあえる。
5 かいわれ大根は塩をもみ込み、器の底に敷く。4のマッシュルーム、2のミニトマトの順に入れる。好みでチャービルとレモンを飾る。

🍵 *Tofu mayonnaise*

44.4% OFF! 1人分 119 kcal

大人のマカロニサラダ タルタル風

マヨネーズ風豆腐クリームにゆで卵やピクルスを加えてタルタルソース風に。
マスタードや黒オリーブもあわせて、大人っぽく。

材料（2人分）

- マカロニ（サラダ用） …………………… 20g
- ゆで卵 …………………………………… 1個
- A
  - 豆腐クリーム（マヨネーズ風→P9） 大さじ3
  - 玉ねぎ（みじん切り） ………… 大さじ2（20g）
  - きゅうりのピクルス（みじん切り） …… 10g
  - ヨーグルト ………………………… 小さじ1
  - ディジョンマスタード（粒なし） …… 小さじ1
- 黒オリーブ（水煮・種抜き） ……………… 4個
- パセリ …………………………………… 大さじ1
- 塩 ………………………………………… 少々
- ブラックペッパー ………………………… 適量
- サラダ油 ………………………………… 少々

作り方

1 マカロニは塩（分量外）を入れた湯で表示通りにゆで、ザルにあげて水をきり、流水でぬめりを取る。サラダ油をふりかけて全体になじませる。

2 ゆで卵はフォークの背でつぶす。パセリはみじん切りに、黒オリーブは4等分にスライスする。

3 ボウルにAを入れてよく混ぜあわせ、1と2を入れてあえる。塩とブラックペッパーで味をととのえる。

◯ Tofu mayonnaise

帆立と大根のサラダ

52.2% OFF!　1人分 44 kcal

あっさりとした食材をコクのあるマヨ風豆腐クリームであえ、レモン果汁で清涼感をプラスしました。

材料（2人分）

帆立（刺身用）	中1〜2個（40g）
白ワイン	小さじ1
大根	100g
塩	小さじ1/6
かいわれ大根	1/4パック（8g）
A 豆腐クリーム（マヨネーズ風→P9）	大さじ1と1/2
レモン果汁	小さじ1
レモンの皮	1×2cm
砂糖	小さじ1/2
帆立の蒸し汁	小さじ1/2

作り方

1　大きめに広げたラップの上に帆立をのせ、白ワインをふりかけてふんわりと包む。器にのせて500Wの電子レンジで約50秒加熱して蒸す。

2　大根は千切りにし、塩をふって軽くもむ。そのまま約15〜20分おき、出てきた水をしっかりとしぼり、キッチンペーパーにくるんで水けをふく。

3　ボウルにAを入れてよく混ぜあわせる。1の帆立を手でさきながら加え、2とかいわれ大根を加えてあえる。

49.7%
OFF!

1人分
94
kcal

◯ *Tofu white sauce*

きのこのフラン

卵液にクリームを加えて蒸したものをフランといいます。
豆腐クリームを使って作るやさしい味をお試しください。

材料（2人分）

まいたけ……………………………… ½袋
卵………………………………………… 1個
豆腐クリーム（ホワイトソース風⇒P9）…… ½量
　固形コンソメ…………………………… ⅓個
　湯……………………………………… 120㎖
オリーブオイル……………………… 小さじ½

下準備

オーブンを180℃に予熱しておく。

作り方

1　固形コンソメを湯で溶いて冷ましておく。
2　まいたけは小房に分ける。フライパンにオ
　　リーブオイルを入れ、中火で炒める。
3　ボウルに卵を割りほぐし、1のコンソメスー
　　プと豆腐クリームを加えてよく混ぜる。コ
　　コット皿に注ぎ、2のまいたけをのせる。
4　オーブンの天板に湯をはり、ココットを並べ
　　て180℃のオーブンで約20分蒸し焼きにする。

53

65.1%
OFF!

1人分
80
kcal

🍚 *Tofu bagna càuda*

いろいろ野菜 バーニャカウダ風

**オイルや生クリームたっぷりの温かいソースが一般的ですが
ここではローカロリーの豆腐クリームで！**

材料（2人分）

豆腐クリーム（バーニャカウダ風→P9）	½量
ミニキャロット	4本
黄パプリカ	¼個
紫大根	2cm
ラディッシュ	2個
塩	適宜

memo

‖ 野菜は好みのものを約200g用意します。

作り方

1 生で食べられる野菜は、スティック状または
　食べやすい大きさに切る。生で食べられない
　野菜は、好みの固さに塩ゆでする。

2 豆腐クリームは500Wの電子レンジで約30秒
　～1分温める。塩で味をととのえる。

3 器に1の野菜を盛る。小さな器に2を入れて
　添える。

○ Tofu gomadare

大根のステーキ

36.6% OFF!　1人分 64 kcal

ごまだれ風＋柚子こしょうで作った和風ソースを
焼き色をつけたほくほくの大根にたっぷりのせていただきます。

材料（2人分）

大根（輪切り）	2cm幅2枚
A 豆腐クリーム（ごまだれ風→P9）	大さじ3
柚子こしょう	小さじ1/8
ねぎ（白い部分）	10cm
かいわれ大根	適量
オリーブオイル	小さじ1

作り方

1. 大根は水から串がスッとささる程度までゆでる。
2. 白髪ねぎを作る。ねぎは繊維に沿って切り込みを入れ、中の芯を取り出す。外側だけ重ね、繊維に沿って千切りにする。水に約15分さらし、キッチンペーパーにはさんでしっかりと水けをふく。
3. フライパンにオリーブオイルを入れ、1の大根を焼き色がつくまで中火で両面を焼く。
4. ボウルにAを入れてよく混ぜあわせる。
5. 器に3の大根を盛り、4をたっぷりとかけ、2のねぎとかいわれ大根をふんわりとのせる。

● Tofu gomadare

アボカドとミニトマトの
ごまだれ仕立て

1人分
160
kcal

クリーミーなアボカドとみずみずしいミニトマトを
まろやかなごまだれ風の豆腐クリームであえました。

材料（2人分）
アボカド ……………………………… 1個
ミニトマト …………………………… 5個
豆腐クリーム（ごまだれ風⇒P9）……… 大さじ2
塩 …………………………………… ひとつまみ

作り方
1 アボカドは種と皮を取りのぞき、2cm角に切る。
2 ミニトマトは半分に切り、切り口に塩をふる。
3 1と2を豆腐クリームであえる。

● Tofu mayonnaise

スモークサーモンのポテトサラダ

1人分
152
kcal

人気のポテトサラダも、マヨ風豆腐クリームで。
盛り付けのひと手間で、おしゃれな一皿に。

材料（2人分）

じゃがいも	小2個（200g）
スモークサーモン	20g
バター	10g
A ┌ 豆腐クリーム（マヨネーズ風→P9）	大さじ1
│ 牛乳	大さじ1
│ 塩	少々
└ ブラックペッパー	少々
黒オリーブ（水煮・種抜き・スライス）、レモンの皮	適宜

作り方

1 じゃがいもは皮をむいて4～8等分に切り、水にさらす。ザルにあげて水けをきって鍋に入れる。塩と砂糖（ともに分量外）を入れた水から串がスッとささる程度までゆでる。

point
じゃがいもは水500mlに対し、砂糖大さじ1、塩小さじ1を入れてゆでます。

2 ボウルに1のじゃがいもを入れ、熱いうちにつぶしてバターを混ぜる。粗熱が取れたら、Aを加えてよく混ぜあわせる。

3 器に直径約6cmのセルクルをのせて2のポテトサラダを詰め、セルクルを上にスッとぬく。

4 スモークサーモンを広げ、その上にセルクルをおき、上から押して丸くくりぬく。

5 4を3のポテトサラダの上にのせ、好みで黒オリーブとレモンの皮を飾る。

Tofu mayonnaise
トマトのファルシ

1人分
143 kcal

つぶしたじゃがいもとカッテージチーズに
豆腐クリームを混ぜて、トマトの中に詰め（=farcir）ました。

材料（2人分）
トマト	小2個
じゃがいも	小1個（100g）
玉ねぎ（みじん切り）	大さじ1（10g）
A 豆腐クリーム（マヨネーズ風=P9）	大さじ1
カッテージチーズ	大さじ1
牛乳	大さじ½
塩	小さじ⅛
ホワイトペッパー	少々
バター	5g
ジェノバソース（市販）	適量

作り方
1 玉ねぎのみじん切りは水にさらし、キッチンペーパーで水けをふく。
2 じゃがいもは皮をむいて4～8等分に切り、水にさらす。ザルにあげて水けをきって鍋に入れる。塩と砂糖（ともに分量外）を入れた水から串がスッとささる程度までゆでる。

point
じゃがいもは水500mlに対し、砂糖大さじ1、塩小さじ1を入れてゆでます。

3 ボウルに2のじゃがいもを入れ、熱いうちにつぶしてバターを混ぜる。粗熱が取れたら、1の玉ねぎとAを加えてよく混ぜあわせる。
4 トマトは湯むきをしてヘタ側を約1～2cm切り、スプーンで中身をくりぬく。キッチンペーパーで内部の水分をふく。
5 4のトマトに3をつめて器に盛り、ジェノバソースを添える。

🍵 Tofu white sauce
鮭のブランダードのカナッペ

28.4% OFF!　1人分 146 kcal

本来、干し鱈で作るディップを手軽な鮭で作りました。
お酒のおつまみにぴったりです。

材料（2人分）

鮭（甘口）	1切れ
じゃがいも	小1個（100g）
豆腐クリーム（ホワイトソース風⇒P9）	¼量
A 牛乳	100mℓ
水	100mℓ
タイム（ドライ）	少々
クラッカー	適量
黒オリーブ（水煮・種抜き）	2個
にんにく	1片
塩、ホワイトペッパー	各少々
チャービル	適宜

作り方

1 小鍋にAを入れ、鮭とにんにくを約10分ゆでる。火が通ったら鮭とにんにくを取り出す。鮭の皮と骨をきれいに取りのぞき、にんにくと一緒にフォークの背でかるくつぶす。

2 じゃがいもは串がスッとささる程度まで、水からゆでる。

3 ボウルに1の鮭、にんにく、2のじゃがいも、豆腐クリームを入れ、ハンドブレンダーでなめらかになるまで撹拌する。塩とホワイトペッパーで味をととのえる。

4 クラッカーに3をのせ、スライスした黒オリーブと好みでチャービルを飾る。

🍵 Tofu hommous
フムスのディップ

カレーの風味をきかせた豆腐クリームはオリエンタルな香り。
バゲットだけでなく、野菜や魚、お肉などにもあわせて。

20.9% OFF!　1人分 181 kcal

材料（2人分）
豆腐クリーム（フムス風→P9）……………… ½量
フランスパン（薄切り）……………………… 6切れ

作り方
1　フランスパンに豆腐クリームを添える。

1人分
346
kcal

● *Tofu mayonnaise*

チキンのオーブン焼き

マヨネーズとチキンの組み合わせは子どもも大人も大好き。
豆腐クリームだから、たっぷりとのせて楽しめます。

材料（2人分）

鶏もも肉······················· 2枚（300g）
塩······························· 小さじ¼
A ┌ 豆腐クリーム（マヨネーズ風→P9）··· 大さじ2
　 └ ウスターソース··············· 小さじ½
ラディッシュ························ 2個
ヤングコーン························ 2本
パン粉···························· 小さじ1
粉チーズ·························· 小さじ½
オリーブオイル····················· 小さじ1
パセリ（みじん切り）、ブラックペッパー ··· 各適量

下準備

オーブンを200℃に予熱しておく。

作り方

1 鶏肉は塩とブラックペッパーをふる。フライ
　パンにオリーブオイルを入れ、皮面から中強
　火で焼く。焼き色がついたら上下を返す。

2 オーブンの天板に1の鶏肉の皮面を上にして
　並べる。

3 ボウルにAを入れてよく混ぜあわせる。

4 2の鶏肉の上に、3、パン粉、粉チーズ、パ
　セリの順にのせて、200℃のオーブンで焼き
　色がつくまで約12分焼く。

5 器に4を盛り、ラディッシュとゆでたヤング
　コーンを添える。

point

鶏肉をフライパンで焼くときは、オーブン
で再び焼くため、中まで火が通らなくても
大丈夫です。

II
豆腐クリームを使った
デザート&ドリンク

大人も子どもも大好きなクリームいっぱいの甘いお菓子たち。
見た目にもテンションが上がるたっぷりのクリームを、
ぜひヘルシーな豆腐クリームで！
ホイップクリームも泡だてる手間がいらないのも、簡単ポイント！
ローカロリーでヘルシーなのに、しっかりおいしいデザートができます。

a.
ホイップクリーム風
豆腐クリーム

ケーキなどのお菓子に一番活躍するホイップク
リーム風！　生クリームを氷水にあてて冷やし
ながら一生懸命泡だてる手間がいらないのもう
れしいポイント。また、プラスで混ぜるものに
よって、ラズベリー味や黒ごま味などにアレン
ジができ、使い勝手抜群です。

b.
チョコホイップクリーム風
豆腐クリーム

せっかくのヘルシーな豆腐クリームなので、
チョコレートは使わずにココアパウダーの風味
とメープルシロップのナチュラルな甘さで仕上
げました。しっかりとチョコホイップクリーム
の食べごたえがあるのに、まったく重たくない
のが不思議。心ゆくまで食べられて大満足！

c.
チーズクリーム風
豆腐クリーム

クリームチーズを使ったような風味ですが、ク
リームチーズもほかのチーズも使用していませ
ん。秘密はヨーグルトとレモン。甘みのない
クリームなので、パクパクと食べ進められてしま
います。サーモンやナッツなどとあわせれば、
おつまみにも。

d.
ドライフルーツ入り
豆腐クリーム

豆腐クリームとドライフルーツの相性がぴたり
とハマった絶品クリーム！　豆腐クリームを
作ったら、ドライフルーツを混ぜて一晩おきま
す。ドライフルーツがクリームの水分をふくん
でしっとりとし、クリームとなじんだ仕上がり
に。簡単なのに、特別感があります。

豆腐クリームを作る
3 STEP

STEP 1

木綿豆腐を150g使います。豆腐は商品によって1丁の重さが違いますが、ミニサイズ1パックや、通常サイズの½丁くらいが目安です。

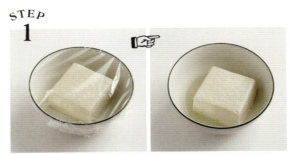

豆腐を耐熱容器に入れてラップをし、500Wの電子レンジで2分加熱し、水切りする。水切りが、豆腐臭さが残らない最大のポイント！ ※一度に300g作るときは3分加熱する。

STEP 2

ザルにあげて粗熱を取り（この間にも水けが抜ける）、表面の水けをキッチンペーパーでふく。

STEP 3

ボウルに材料をすべて入れ、ハンドミキサーやブレンダーをかけるか、フードプロセッサーで2〜3分ほど撹拌する。

なめらかになったら、出来上がり！

ready!

PRESERVING
保存について

保存容器に入れて、冷蔵で3日間保存が可能です。冷蔵庫から出すと少しかたくなっていることもあるので、よく混ぜてから使うようにしましょう。

デザート＆ドリンクに使える 4種類の豆腐クリームレシピ

🥣 Tofu whip cream

ホイップクリーム風 豆腐クリーム

木綿豆腐	150g
ヨーグルト	20g
メープルシロップ	大さじ1と½
レモン果汁	小さじ¼
レモンの皮 [*]	2×3cm
塩	小さじ⅙

🥣 Tofu chocolate whip cream

チョコホイップクリーム風 豆腐クリーム

木綿豆腐	150g
ココアパウダー	大さじ1
メープルシロップ	大さじ1と½
レモンの皮 [*]	2×2cm
塩	小さじ⅛

🥣 Tofu cheese cream

チーズクリーム風 豆腐クリーム

木綿豆腐	150g
ヨーグルト	40g
レモン果汁	小さじ½
レモンの皮 [*]	3×3cm
塩	小さじ¼

🥣 Tofu dried fruits cream

ドライフルーツ入り 豆腐クリーム

木綿豆腐	150g
ミックスドライフルーツ	40g
はちみつ	大さじ1
リンゴ酢	大さじ½
レモンの皮 [*]	1×2cm
塩	ひとつまみ

memo

ドライフルーツ以外の材料をクリーム状にした後、最後にドライフルーツを加えて混ぜ、一晩おきます。

note

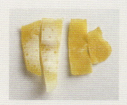

[*] レモンの皮の下処理

レモンの皮の裏側についた白い部分は苦いので、ナイフなどで丁寧に落としましょう。

🍵 *Tofu cheese cream*
豆腐チーズクリームと
3種のベリーのスコップケーキ ⇒P72

Tofu chocolate whip cream
オレンジショコラのスコップケーキ ⇒P72

Tofu whip cream
4種の豆腐クリームと食べるカップケーキ
黒ごまホイップ ⇒P73

Tofu cheese cream

豆腐チーズクリームと
3種のベリーのスコップケーキ

-210kcal! ¼カット 188 kcal

たっぷりのクリームをパクパク食べられる幸せは豆腐クリームだからこそ。
ベリーの酸味とチーズクリームが、絶妙なバランスです。

材料（直径15×高さ5cmの容器1台分）

スポンジケーキ（市販）‥‥‥‥‥‥ 1cmの厚さ2枚
いちご ‥‥‥‥‥‥‥‥‥‥‥‥‥‥‥‥ 10個
ブルーベリー（冷凍可）‥‥‥‥‥‥‥‥‥ 15個
ラズベリー（冷凍可）‥‥‥‥‥‥‥‥‥‥ 15個
A ┌ 豆腐クリーム（チーズクリーム風→P67）
  │ ‥‥‥‥‥‥‥‥‥‥‥‥‥‥‥‥‥ 2倍量
  └ メープルシロップ ‥‥‥‥‥‥‥‥ 大さじ2
ミント ‥‥‥‥‥‥‥‥‥‥‥‥‥‥‥‥ 適量

作り方

1 器の大きさにあわせてスポンジケーキを切る。
  1枚を器の底に敷く。
2 ボウルにAを入れてよく混ぜあわせ、半量を
  1の上に広げる。もう1枚のスポンジケーキを
  重ね、残りのAを広げる。
3 いちご、ブルーベリー、ラズベリーをのせ、
  ミントを飾る。

memo

冷凍のラズベリーとブルーベリーを使う場合
は室温に出しておきます。

Tofu chocolate whip cream

オレンジショコラのスコップケーキ

-224kcal! ¼カット 202 kcal

チョコホイップ風の豆腐クリームはしつこくないのが最大の魅力。
スポンジとフレッシュなオレンジとの組み合わせを存分に楽しんで。

材料（15×15cm容器1台分）

チョコレートスポンジケーキ（市販）
‥‥‥‥‥‥‥‥‥‥‥‥‥‥‥ 1cmの厚さ2枚
豆腐クリーム（チョコホイップクリーム風→P67）
‥‥‥‥‥‥‥‥‥‥‥‥‥‥‥‥‥‥‥ 2倍量
オレンジ ‥‥‥‥‥‥‥‥‥‥‥‥‥‥‥‥ 1個
オレンジピール（ウェットタイプ）‥‥‥‥ 10g
ピスタチオ ‥‥‥‥‥‥‥‥‥‥‥‥‥‥ 適量

作り方

1 器の大きさにあわせてスポンジケーキを切る。
  1枚を器の底に敷く。
2 豆腐クリームの半量を1の上に広げる。もう1
  枚のスポンジケーキを重ね、残りの豆腐ク
  リームを広げる。
3 オレンジピールとピスタチオは粗く刻む。オ
  レンジは皮をむき、内皮を取りのぞく。
4 2の上に、3のオレンジピールをちらしてオ
  レンジをのせ、ピスタチオを飾る。

4種の豆腐クリームと食べる
カップケーキ

市販のカップケーキを豆腐クリームとトッピングでかわいくおめかし！
ホイップクリーム風なら、さまざまな味へのクリームのアレンジもできます。

～105kcal!

Tofu cheese cream
チーズクリーム

1人分
197
kcal

材料（4個分）
カップケーキ（市販）‥‥‥‥‥‥‥‥‥‥小4個
豆腐クリーム（チーズクリーム風⇒P67）‥‥½量
はちみつ‥‥‥‥‥‥‥‥‥‥‥‥‥‥大さじ½
ピスタチオ‥‥‥‥‥‥‥‥‥‥‥‥‥‥‥適量

作り方
1 ボウルに豆腐クリームとはちみつを入れてよく混ぜあわせる。
2 ピスタチオを粗く刻む。カップケーキの上に1をのせ、ピスタチオを飾る。

～112kcal!

Tofu chocolate whip cream
チョコホイップ

1人分
209
kcal

材料（4個分）
カップケーキ（市販）‥‥‥‥‥‥‥‥‥‥小4個
豆腐クリーム（チョコホイップクリーム風⇒P67）
‥‥‥‥‥‥‥‥‥‥‥‥‥‥‥‥‥‥‥½量
チョコチップ‥‥‥‥‥‥‥‥‥‥‥‥‥‥適量

作り方
1 カップケーキの上に豆腐クリームをのせ、チョコチップを飾る。

～108kcal!

Tofu whip cream
黒ごまホイップ

1人分
249
kcal

材料（4個分）
カップケーキ（市販）‥‥‥‥‥‥‥‥‥‥小4個
A ┌ 豆腐クリーム（ホイップクリーム風⇒P67）
　 │ ‥‥‥‥‥‥‥‥‥‥‥‥‥‥‥‥‥‥½量
　 └ 黒練りごま‥‥‥‥‥‥‥‥‥‥‥大さじ1
バナナチップス‥‥‥‥‥‥‥‥‥‥‥‥‥適量

作り方
1 ボウルにAを入れてよく混ぜあわせる。
2 カップケーキの上に1をのせ、バナナチップスを飾る。

～108kcal!

Tofu whip cream
ラズベリーホイップ

1人分
202
kcal

材料（4個分）
カップケーキ（市販）‥‥‥‥‥‥‥‥‥‥小4個
豆腐クリーム（ホイップクリーム風⇒P67）‥‥½量
ラズベリー（冷凍可）‥‥‥‥‥‥‥‥18〜20個
ブルーベリー（冷凍可）‥‥‥‥‥‥‥‥‥‥4個
ミント‥‥‥‥‥‥‥‥‥‥‥‥‥‥‥‥‥適量

作り方
1 ボウルに豆腐クリームとラズベリーを入れ、ハンドブレンダーで撹拌する。
2 カップケーキの上に1をのせ、ブルーベリーとミントを飾る。

● *Tofu cheese cream*

レアチーズケーキ風デザート

豆腐クリームをふんだんに使った、チーズケーキ風のデザート。
爽やかな風味と甘さが、口の中いっぱいに広がります。

材料（直径15cmの底が抜ける型1台分）

A
- 豆腐クリーム（チーズクリーム風⇒P67）……全量
- ヨーグルト……180g
- 砂糖……大さじ2と½
- レモン果汁……小さじ1
- レモンの皮……2×2cm

スポンジケーキ（市販）……1cmの厚さ1枚
牛乳……大さじ2

- 粉ゼラチン……5g
- 水……大さじ2

作り方

1. 水に粉ゼラチンをふり入れ、ふやかしておく。
2. 型の大きさにあわせてスポンジケーキを切り、型の底に敷く。
3. 牛乳を500Wの電子レンジで沸騰直前まで約40〜50秒温める。1のゼラチンを入れてよく溶かす。

point
> ゼラチンは沸騰させると固まらなくなるので、必ず火をとめてから入れます。

4. ボウルにAを入れてハンドブレンダーでなめらかになるまで撹拌する。
5. 鍋にうつして弱火にかけ、温かいと感じる程度まで温め、3を加えてよく混ぜる。

point
> レアチーズケーキの生地が冷たいと型に流した時にスポンジが浮きあがってきてしまうので必ず温かいと感じる程度に温めましょう。

6. 2の型に入れ、冷蔵庫で約2時間冷やし固める。

40.8%
OFF!

¼カット
157
kcal

🥣 *Tofu whip cream*

いちごのクラフティ

やわらかくしっとりとした生地は、卵と豆腐クリームで。
チェリーや桃、いちじくや洋梨などほかのフルーツにかえても楽しめます。

材料（15×20×高さ2cmの容器1台分）
いちご ··· 5個
豆腐クリーム（ホイップクリーム風⇒P67） ···· 全量
　　┌ 薄力粉 ···································· 大さじ2
A ┤ 砂糖 ······································· 大さじ3
　　└ 塩 ·· ひとつまみ
卵 ··· 2個
牛乳 ··· 大さじ4

下準備
オーブンを180℃に予熱しておく。

作り方
1 ボウルに**A**を入れ、泡だて器でダマができな
　いようによく混ぜる。
2 卵を溶く。1の中央にくぼみを作って半量の
　卵を入れ、卵のまわりから少しずつ混ぜはじ
　め、徐々に全体を混ぜる。
3 残りの半量の卵を入れて混ぜ、豆腐クリーム
　と牛乳を加えて均一に混ぜたら、容器に流し
　入れる。
4 いちごは縦に半分に切り、3の上にのせる。
　180℃のオーブンで約25～30分焼く。

◯ *Tofu dried fruits creams*

フルーツサンド

42.0% OFF! 1人分 272 kcal

ドライフルーツ入りの豆腐クリームで、手軽に作れます。
パンにぬったココナッツオイルがアクセントに。

材料（2人分）
食パン（サンドイッチ用）……………… 4枚
豆腐クリーム（ドライフルーツ入り⇒P67）…… ½量
バナナ ……………………………………… 1本
ココナッツオイル ……………………… 小さじ½

作り方
1 バナナはスライスする。
2 食パン2枚にココナッツオイルをぬる。その上に豆腐クリームを半量ずつぬり、1のバナナをのせる。他の食パン2枚をそれぞれ重ねる。
3 2のサンドイッチをラップで包み、冷蔵庫で約30分寝かせる。食べやすい大きさと形に切って器に盛る。

 Tofu cheese cream

ラムレーズンとカッテージチーズの ひとくちガトー

39.3% OFF! 1人分 162 kcal

チーズクリーム風の豆腐クリームに
ラムレーズンとラム酒を加えて、大人のデザートに。

材料（2人分）

A
- 豆腐クリーム（チーズクリーム風⇒P67） ½量
- ラムレーズン 20g
- はちみつ 小さじ1
- ラム酒 小さじ⅓

カッテージチーズ 大さじ2
ビスケット 6枚
チャービル 適宜

作り方

1 ボウルにAを入れてよく混ぜあわせ、冷蔵庫で一晩なじませる。
2 1をビスケットに盛り、カッテージチーズを横にのせる。好みでチャービルを飾る。

49.7%
OFF!

1人分
199
kcal

🍵 *Tofu dried fruits creams*

ブルーチーズとはちみつのピッツァ

ドライフルーツ入りの豆腐クリームを広げて、ブルーチーズをトッピング。
焼きあがったらはちみつをかけて、いただきます。

材料(2人分)

ピザ生地(市販)‥‥‥‥‥‥‥‥‥‥1枚(22cm)
豆腐クリーム(ドライフルーツ入り=P67)‥‥½量
ブルーチーズ‥‥‥‥‥‥‥‥‥‥‥‥‥10g
はちみつ‥‥‥‥‥‥‥‥‥‥‥‥‥‥‥適量

下準備

オーブンを250℃に予熱しておく。

作り方

1 ピザ生地に豆腐クリームをぬる。ブルーチー
　ズをちぎってちらす。250℃のオーブンで、
　約4〜5分チーズが溶けるまで焼く。

2 焼きあがったら器に盛り、はちみつをかける。

memo

オーブンのかわりに1000Wのトースターで作
ることができます。

ドライフルーツ入り	チーズクリーム風味
1人分	1人分
233 *kcal*	**213** *kcal*

🍵 *Tofu dried fruits creams + Tofu cheese cream*

スイートポテト
ドライフルーツ入り、チーズクリーム風味

クラッカーに生地をのせて焼くだけ。やわらかくて甘い生地と
パリパリした塩けのあるクラッカーの組み合わせはクセになります。

材料（4個×2種類分）

さつまいも	250g
豆腐クリーム（ドライフルーツ入り⇒P67）	¼量
豆腐クリーム（チーズクリーム風⇒P67）	¼量
クラッカー	8枚
卵黄	1個分
バター	20g
練乳	小さじ1
砂糖	大さじ3
卵黄（仕上げ用）	1個分

下準備

オーブンを200℃に予熱しておく。

作り方

1 さつまいもはよく洗い、濡れたままラップに
　包み、500Wの電子レンジで約4〜5分、串が
　スッとささる程度まで加熱する。

2 熱いうちに皮をむき、マッシャーなどでつぶ
　してなめらかにする。バターを混ぜ、練乳と
　砂糖を加えてさらに混ぜる。

3 木ベラに持ち替え、卵黄を混ぜる。2等分に
　してそれぞれ別のボウルに入れる。1つのボ
　ウルにはチーズクリーム風の豆腐クリームを、
　もう1つにはドライフルーツ入りの豆腐クリ
　ームを加えて混ぜる。

4 それぞれ4等分にしてクラッカーの上にのせ、
　ピラミッド形に成形する。

5 ボウルに卵黄を溶き、ハケで4の表面にぬる。
　200℃のオーブンで約12〜13分焼く。

point

> さつまいもは約4〜5分加熱しても串がスッ
> とささらない場合は、30秒ずつ加熱を続け
> ていきます。

● *Tofu whip cream*

ホイップたっぷりコーヒーゼリー

55.1% OFF! 1人分 88 kcal

ほろ苦のコーヒーゼリーには、たっぷりのクリームを。
それができるのも、豆腐クリームだからこそ。

材料（2人分）

A ┌ インスタントコーヒー ……… 小さじ2
　├ 砂糖 …………………………… 大さじ1と½
　└ 水 ……………………………… 200mℓ
豆腐クリーム（ホイップクリーム風⇒P67）… ½量
┌ 粉ゼラチン ………………… 小さじ1弱（2.5g）
└ 水 ……………………………… 大さじ1
ココアパウダー、ミント ……………………… 適量

作り方

1. 水に粉ゼラチンをふり入れ、ふやかしておく。
2. 小鍋にAの水を入れて中火にかける。沸騰したら他のAの材料を入れ、溶けたら火をとめる。1のゼラチンを加えてよく混ぜる。

point
ゼラチンは沸騰させると固まらなくなるので、必ず火をとめてから入れます。

3. 器に入れ、粗熱が取れたら冷蔵庫で約2時間冷やし固める。
4. 豆腐クリームをのせ、ココアパウダーをふってミントを飾る。

◯ Tofu whip cream
オレンジ風味のミルクレープ

−216 kcal! ¼カット 258 kcal

刻んだオレンジピールを混ぜ込んだ豆腐クリームを
たっぷりぬって、重ねて、15層のケーキにしました。

材料（直径12cm1台分）

- A ┌ 薄力粉 ………………………………… 50g
  │ 砂糖 ………………………………… 小さじ2
  └ 塩 …………………………………… ひとつまみ
- B ┌ 豆腐クリーム（ホイップクリーム風→P67） … 2倍量
  │ オレンジピール（ウェットタイプ） ………… 30g
  └ はちみつ …………………………… 小さじ2
- 卵 ……………………………………………… 1個
- 牛乳 ………………………………………… 150mℓ
- 溶かしバター ………………………………… 5g
- サラダ油 ……………………………………… 適量
- いちご ………………………………………… 適宜

作り方

1. Aはあわせてふるい、ボウルに入れる。中央にくぼみを作り、半量の牛乳を注ぐ。粉の山を少しずつ崩すようにして泡だて器で混ぜる。
2. 溶いた卵を入れて混ぜ、残りの牛乳を少しずつ注いで溶きのばす。溶かしバターを入れてよく混ぜる。ラップをして冷蔵庫で約30分〜1時間寝かせて生地を落ち着かせる。
3. フライパンにサラダ油を少量入れて中弱火で温め、生地を大さじ1杯入れて手早く丸く広げて両面を焼く。サラダ油を足しながら、生地がなくなるまでくりかえし、そのまま冷ます。
4. オレンジピールを粗く刻み、ボウルに他のBの材料とともに入れて、混ぜあわせる。
5. 器にラップを広げて3のクレープを1枚のせ、4の豆腐クリームをのばし、上にクレープを重ねる。これをくりかえす。
6. ラップで包み、冷蔵庫で約1時間落ち着かせる。好みでいちごを添える。

アイスクリーム
チョコレート風味、ドライフルーツ入り

アイスクリーマーを使わず、冷凍庫に入れっぱなしOKのレシピ。
生クリームなしでも、十分リッチな味わいに仕上がります。

🍵 *Tofu chocolate whip cream*
チョコレート風味

40.7%
OFF!

1人分
163
kcal

材料（2人分）

豆腐クリーム（チョコホイップクリーム風⇒P67）⋯⋯⋯⋯½量
卵⋯⋯⋯⋯⋯⋯⋯⋯⋯⋯⋯⋯⋯⋯⋯1個
牛乳⋯⋯⋯⋯⋯⋯⋯⋯⋯⋯⋯⋯⋯40g
砂糖⋯⋯⋯⋯⋯⋯⋯⋯⋯⋯⋯⋯⋯30g
バニラエッセンス⋯⋯⋯⋯⋯⋯⋯少々

作り方

1 卵は卵白と卵黄に分け、それぞれ別のボウルに入れる。
2 メレンゲを作る。1の卵白のボウルに砂糖の半量を入れ、泡だて器で撹拌する。
3 1の卵黄のボウルに残りの砂糖を入れ、泡だて器で撹拌する。卵黄が白っぽくもったりとしてきたら、豆腐クリームを入れてさらに撹拌する。
4 牛乳を小鍋に入れて弱火にかけ、鍋肌が沸々する程度まで温める。3に加えてよく撹拌する。2のメレンゲの⅓量を加えてしっかりと混ぜる。
5 ゴムベラに持ち替え、残りのメレンゲとバニラエッセンスを加えて切るように混ぜる。
6 器に入れて冷凍庫で約2～3時間冷やし固める。

🍵 *Tofu dried fruits creams*
ドライフルーツ入り

51.2%
OFF!

1人分
189
kcal

材料（2人分）

豆腐クリーム（ドライフルーツ入り⇒P67）⋯⋯½量
卵⋯⋯⋯⋯⋯⋯⋯⋯⋯⋯⋯⋯⋯⋯⋯1個
牛乳⋯⋯⋯⋯⋯⋯⋯⋯⋯⋯⋯⋯⋯40g
砂糖⋯⋯⋯⋯⋯⋯⋯⋯⋯⋯⋯⋯⋯30g
ラム酒⋯⋯⋯⋯⋯⋯⋯⋯⋯⋯小さじ½
バニラエッセンス⋯⋯⋯⋯⋯⋯⋯少々

作り方

1 卵は卵白と卵黄に分け、それぞれ別のボウルに入れる。
2 メレンゲを作る。1の卵白のボウルに砂糖の半量を入れ、泡だて器で撹拌する。
3 1の卵黄のボウルに残りの砂糖を入れ、泡だて器で撹拌する。卵黄が白っぽくもったりするまで撹拌する。
4 牛乳を小鍋に入れて弱火にかけ、鍋肌が沸々する程度まで温める。3に加えてよく撹拌する。2のメレンゲの⅓量、ラム酒、豆腐クリームを加えてしっかりと混ぜる。
5 ゴムベラに持ち替え、残りのメレンゲとバニラエッセンスを加えて切るように混ぜる。
6 器に入れて冷凍庫で約2～3時間冷やし固める。

point

ラム酒は好みで分量を調整してください。

> *point*
> ゼラチンは沸騰させると固まらなくなるので、必ず火をとめてから入れます。

クラッシュジュレ 赤ワイン、ミントティー

固めたゼリーを軽くくだいてグラスに盛り付け、
上に豆腐クリームをのせていただきます。

Tofu whip cream
赤ワイン

49.5% OFF!　1人分 **110** kcal

材料（2人分）

A	赤ワイン	80ml
	水	50ml
	レモン果汁	小さじ1弱
	レモンの皮	1×2cm
	砂糖	大さじ1と½
豆腐クリーム（ホイップクリーム風→P67）		½量
	粉ゼラチン	小さじ1弱（2.5g）
	水	大さじ1

作り方

1　水に粉ゼラチンをふり入れ、ふやかしておく。

2　小鍋にAを入れて中火にかけ、沸騰したら火をとめる。レモンの皮を取り出し、1のゼラチンを加えてよく混ぜる。

3　バットなど平らな容器に入れ、粗熱が取れたら冷蔵庫で約1〜2時間冷やし固める。

4　固まったらフォークなどで崩しながら器に入れ、豆腐クリームをのせる。

Tofu dried fruits creams
ミントティー

66.8% OFF!　1人分 **98** kcal

材料（2人分）

豆腐クリーム（ドライフルーツ入り→P67）		½量
ミント		ひとつかみ（6g）
湯		150ml
ミントリキュール		小さじ2
	粉ゼラチン	小さじ1弱（2.5g）
	水	大さじ1
砂糖		小さじ2
ミント		適宜

作り方

1　水に粉ゼラチンをふり入れ、ふやかしておく。

2　ミントは洗ってキッチンペーパーで水けをふき、小鍋に入れる。沸騰した湯を注ぎ、ラップをして5分おく。

3　ミントを取り、砂糖を入れて弱火にかける。沸騰直前で火をとめ、1のゼラチンを入れてよく混ぜる。ミントリキュールを入れる。

4　バットなど平らな容器に入れ、粗熱が取れたら冷蔵庫で約1〜2時間冷やし固める。

5　固まったらフォークなどで崩しながら器に入れる。豆腐クリームをのせ、好みでミントを飾る。

スムージー2種

チーズクリーム風の豆腐クリームで作るスムージー。
甘いもの、さっぱりしたもの、好みの味をどうぞ。

🥣 *Tofu cheese cream*
バナナと黒ごま

44.4% OFF!　1人分 131 kcal

材料（2人分）
バナナ	1本（140g）
黒練りごま	小さじ1
豆腐クリーム（チーズクリーム風→P67）	½量
牛乳	100mℓ
はちみつ	小さじ1
氷	中2個

作り方
1 バナナは皮をむいて一口大に切る。
2 すべての材料をミキサーに入れ、なめらかになるまで混ぜる。

🥣 *Tofu cheese cream*
オレンジとトマト

51.0% OFF!　1人分 101 kcal

材料（2人分）
オレンジ	1個
トマト	小1個（120g）
豆腐クリーム（チーズクリーム風→P67）	½量
イタリアンパセリ	½枝
はちみつ	大さじ1
氷	中2個

作り方
1 オレンジは外皮を包丁でむき、ざく切りにする。トマトは4等分に切る。イタリアンパセリは葉を摘む。
2 すべての材料をミキサーに入れ、なめらかになるまで混ぜる。

いちごのドリンク

スモークサーモンのカナッペ

◯ *Tofu cheese cream*
いちごのドリンク

63.1%
OFF!

1人分
123
kcal

チーズクリーム風の豆腐クリームといちごの酸味があわさり
爽やかで飲みやすいドリンクに。

材料(2人分)

いちご	150g
豆腐クリーム(チーズクリーム風→P67)	全量
豆乳(調整)	80ml
砂糖	小さじ2
塩	ひとつまみ

作り方

1 すべての材料をミキサーに入れてなめらかに
なるまで撹拌し、グラスに注ぐ。

◯ *Tofu cheese cream*
スモークサーモンのカナッペ

34.5%
OFF!

1人分
76
kcal

酸味のあるチーズクリーム風の豆腐クリームと
塩けのきいたスモークサーモンをあわせて。

材料(2人分)

スモークサーモン	1枚
豆腐クリーム(チーズクリーム風→P67)	大さじ2
クラッカー	6枚
ディル	適量

作り方

1 スモークサーモンは6等分に切る。

2 クラッカーに豆腐クリーム、スモークサーモ
ンをのせ、ディルを飾る。

memo

クラッカーはあまり塩味のついていないプレ
ーンタイプのものを選ぶのがおすすめです。

index
··········

分量からメニューを選べる
9種類のクリーム別
インデックス

Tofu white sauce
ホワイトソース風 豆腐クリーム

2倍量
12 キャベツと挽き肉のポテトグラタン

全量
13 マルゲリータ風グラタン
15 わたりがにとトマトクリームのパスタ
15 カルボナーラ
39 大葉入り豆腐クリームとキャベツ、
　　生ハムのテリーヌ

1/2量
33 にんじんと玉ねぎのポタージュ
45 バターチキンカレー
53 きのこのフラン

1/4量
18 そら豆と菜の花のキッシュ
　　※1/4量の豆腐クリームで作った鮭のブランダ
　　ードを半量使用
19 アスパラガスと芽キャベツ
　　桜海老の豆腐クリームソース
33 そら豆のヴィシソワーズ
41 赤パプリカのムース
41 小松菜のムース
43 アボカドと生ハムのガレット
60 鮭のブランダードのカナッペ

大さじ2
46 クロックムッシュ
49 マッシュルームとミニトマトのヴェリーヌ

Tofu bagna càuda
バーニャカウダソース風
豆腐クリーム

1/2量
22 きのこと鶏肉のクリームリゾット
31 鯛のソテー タプナードソース
55 いろいろ野菜 バーニャカウダ風

大さじ2
25 ニース風サラダ
36 ジャーサラダ
　　パプリカとズッキーニ、モッツァレラ バーニャカウダ風

Tofu hommous
フムス風 豆腐クリーム

1/2量
61 フムスのディップ

1/4量
27 ポークソテー フムス風

大さじ2
36 ジャーサラダ
　　ミックスビーンズと紫キャベツ　フムス風
47 ピタサンド

Tofu gomadare
ごまだれ風 豆腐クリーム

大さじ3
49 ごまだれそうめんのヴェリーヌ
56 大根のステーキ

大さじ2
23 クレソンとマッシュルームのサラダ
26 牛しゃぶのサラダ仕立て
57 アボカドとミニトマトのごまだれ仕立て